AF366222

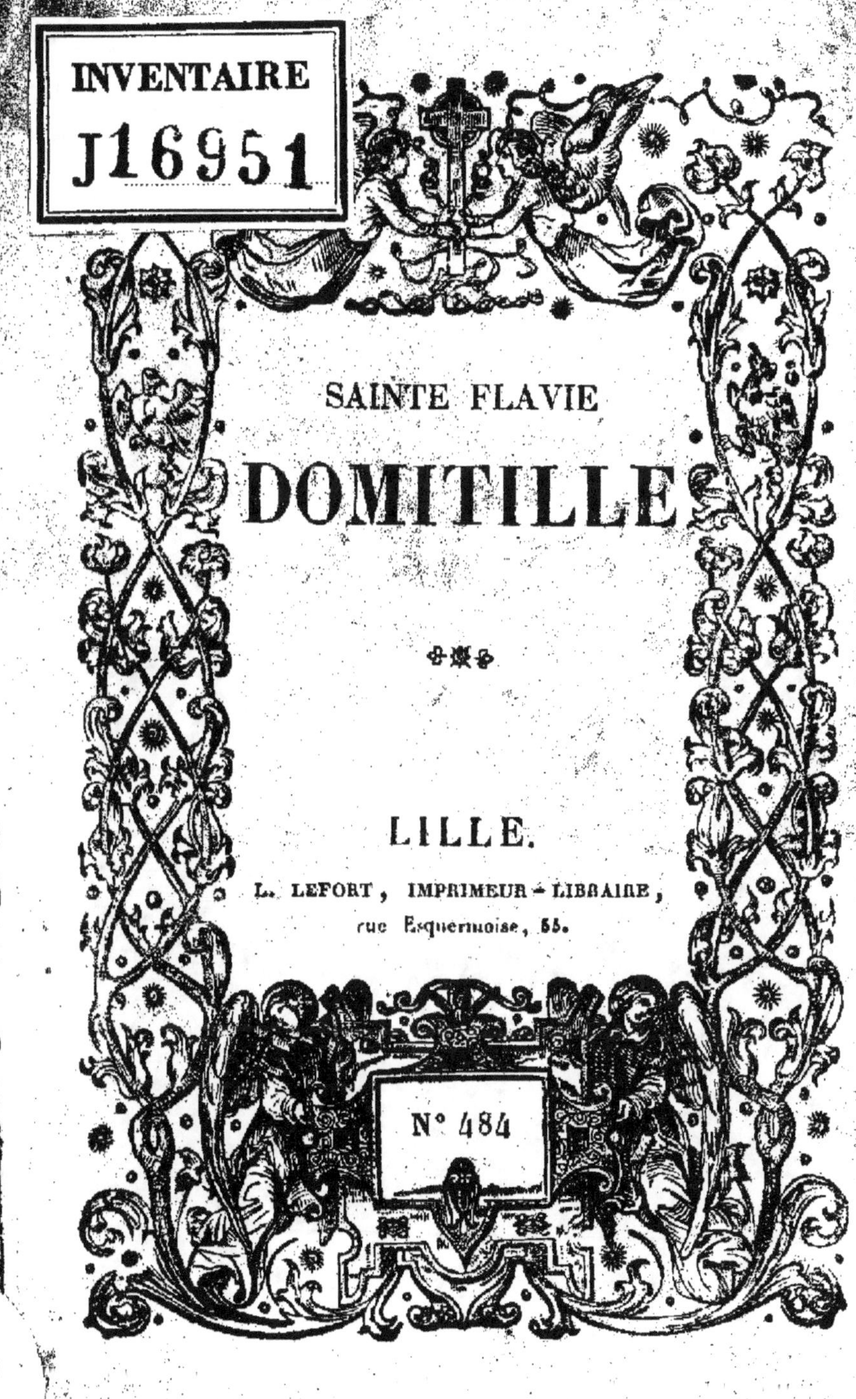

SAINTE FLAVIE

DOMITILLE

LILLE.

L. LEFORT, IMPRIMEUR-LIBRAIRE,
rue Esquermoise, 55.

N° 484

SAINTE

FLAVIE DOMITILLE

A LA MÊME LIBRAIRIE
Ouvrages du même auteur :
Format in - 12.

Au Palais des Femmes

SAINTE
FLAVIE DOMITILLE

Histoire du 1er siècle de l'Église.

Par Mme BOURDON

TROISIÈME ÉDITION

Le Salut de Dieu est envoyé aux Gentils,
et ils le recevront.   Actes, XXVIII.

LIBRAIRIE DE J. LEFORT

IMPRIMEUR ÉDITEUR

LILLE | PARIS
rue Charles de Muyssart, 24 | rue des Saints-Pères, 30

SAINTE
FLAVIE DOMITILLE

I

Les Catacombes.

> Je vous ai regardée avec une compassion
> qui ne finira jamais, dit le Seigneur.
>> ISAÏE, LIV.

La nuit tombait sur la campagne romaine ;
lassée, la grande ville s'endormait dans ses
plaisirs ; à peine entendait-on sortir de quelques palais le son des instruments mêlé
aux cris des convives attardés autour d'une

table somptueuse : tout était silence et solitude en ces lieux d'ordinaire si bruyants ; et pourtant deux femmes voilées, à la démarche timide, descendaient le sommet du Janicule et s'avançaient le long de la voie Aurélienne, qui, semblable au chemin de la vie, s'étendait, toute bordée de tombeaux. Elles se dirigeaient vers la colline Vaticane et s'arrêtèrent un moment, fatiguées, auprès d'une fontaine qui versait, dans sa conque de granit, des eaux au murmure harmonieux ; et l'une des deux dit à sa compagne :

« Encore quelques pas au milieu de ces vignobles que la lune nous montre là-bas, nous trouverons ce que nous cherchons... »

Elles s'avancèrent, regardant autour d'elles avec inquiétude, comme si elles redoutaient la poursuite, tout en s'effrayant de la solitude. Rien ne se montrait à leurs regards ; elles n'entendaient que le murmure de la fontaine et le cri monotone des grillons cachés dans les vignes... Elles arrivèrent auprès d'un buisson touffu qui projetait au loin ses bras robustes, et celle qui avait déjà parlé dit encore : « C'est ici... je vais soulever les branches du buisson afin de découvrir l'escalier... le voici... tenez le coin de mon voile et suivez moi.... »

Sa compagne obéit, et toutes deux se mirent à descendre l'étroit et sombre escalier qui semblait s'enfoncer dans les entrailles de la terre. A une certaine distance du sol, cet escalier était éclairé par une lampe posée dans un enfoncement ; cette faible lueur fit découvrir aux voyageuses la spirale tortueuse et profonde qu'elles devaient encore franchir. Elles s'avancèrent avec courage, et, touchant enfin la terre , elles se trouvèrent dans une galerie voûtée, longue, basse, éclairée de distance en distance par des lampes, en forme de nacelles, qu'une chaîne de bronze rattachait aux clefs des voûtes. Elles s'arrêtèrent, surprises , devant cette solitude et cette immensité, et regardèrent autour d'elles.

« Vois-tu, Euphrosine , dit la jeune fille jusqu'alors silencieuse, vois-tu ces sépul-

tures enfermées dans les parois des mu-
railles ? C'est donc ici la cité des morts ? »

En effet, les deux côtés de la galerie
offraient aux regards des inscriptions sépul-
crales, gravées avec le poinçon sur des tables
de marbre ou de granit, enchâssées dans les
murs de tuf. Les jeunes filles en lurent quelques unes avec un pieux attendrissement :

REGINA, VIS DANS LE SEIGNEUR JÉSUS.

PAUL, DANS LA PAIX.

A. FAUSTINE, VIERGE INTRÉPIDE,
QUI VÉCUT VINT ET UN ANS EN PAIX[1].

Des signes mystérieux accompagnaient ces
épitaphes ; on voyait, sur ces lits funèbres,
les images riantes de la vie : des colombes
prenant leur essor, des agneaux couchés
paisibles, des cerfs se désaltérant à un flot
limpide, des palmes, des lis, des rameaux
d'olivier, et d'autres symboles de paix, d'innocence et de douceur.

[1] Ces inscriptions sont tirées des Catacombes.

Cette ville souterraine semblait le temple de la mort, et pourtant aucune frayeur ne venait assaillir l'âme des jeunes visiteuses ; elles étaient fortes comme si de ces sépulcres se fut exhalé je ne sais quel vivifiant parfum portant à leurs âmes le calme et l'intrépidité.

A un détour de la galerie, elles se trouvèrent en face d'un fossoyeur qui, tenant en main le pic et le ciseau, s'occupait à creuser un nouveau lit dans ce grand dortoir mortuaire. Elles s'arrêtèrent auprès de lui.

Le vêtement brun de cet homme était marqué de plusieurs croix aux genoux et aux épaules ; une lampe, posée près de lui, éclairait son travail[1]. Il salua les jeunes filles, et leur dit :

« Sans doute, vous cherchez, mes sœurs, le chemin de la crypte où l'on célèbre les

[1] Les *fossoyeurs* doivent occuper un rang distingué dans l'histoire du christianisme. C'est à ces hommes courageux que l'on doit la construction des Catacombes et la conservation des corps saints qui y reposent. D'anciens monuments les représentent tels qu'on les décrit ici.

saints mystères ? Allez jusqu'au bout de cette galerie, et vous verrez les lumières, vous entendrez les chants.

— Je vous remercie, répondit Euphrosine.

— Que la paix soit avec vous! »

Bientôt, en effet, des chants harmonieux frappèrent leurs oreilles; une hymne, chantée par des voix de jeunes filles, retentissait sous les voûtes, et parvenait au loin, avec l'odeur des parfums et la clarté d'un grand nombre de flambeaux, qui rappelait l'éclat du jour. La galerie, plus spacieuse, formait une large arcade, sous laquelle se pressait une foule nombreuse. Cette assemblée, qui se cachait au sein de la terre, réunissait en elle tous les contrastes : l'esclave s'agenouillait sur la terre humide à côté du descendant d'une famille consulaire ; le vétéran se prosternait à côté d'un de ces barbares qu'autrefois il avait vaincus ; la matrone voyait sa riche tunique effleurée par la pauvre robe d'une femme du peuple : tout était confondu

dans un même culte, rangs divers et nations
ennemies. Les jeunes filles traversèrent les
groupes ; Euphrosine marchait la dernière,
et sa compagne, levant son voile, vint se
prosterner aux pieds d'un vieillard, debout
sur les marches d'un autel qui formait le
fond de la galerie.

L'assemblée tout entière fixa les yeux sur
l'étrangère : elle était jeune et très-riche-
ment parée. Des bandelettes ornaient ses
cheveux noirs, et les perles de l'Asie s'enla-
çaient autour de son cou et de ses bras. Le
vieillard la regarda en silence ; puis il dit
enfin :

« Ma fille, qui êtes-vous, et que demandez-vous ?

— Je me nomme Flavie Domitille, je suis
de la *gent* Flavia et petite nièce du très-clé-
ment empereur Titus et de Domitien, actuel-
lement César. Ma mère était la sœur de
Flavius Clemens, consul.

— Flavius est un de nos frères, dit une
voix.

— Je le sais, et maintes fois il m'a répété les prédications de votre grand-prêtre , de Pierre , le pêcheur hébreu. »

A ce nom de Pierre, le vieillard inclina la tête , et, montrant l'autel, il dit :

« Là , ma fille , sous ce marbre où nous offrons le sacrifice au Seigneur, reposent les restes mortels de Pierre, l'apôtre et le vicaire de Jésus-Christ. Vous le savez sans doute, il est mort pour son Maître.....

— Oui, il fut condamné par Néron, l'ennemi du genre humain. Deux fidèles serviteurs m'ont redit sa parole, et aujourd'hui elle retentit dans mon âme.... »

Le vieillard leva les mains au ciel et dit :

« Les hommes peuvent enchaîner les saints et les frapper de mort ; mais la parole du Seigneur ne saurait être enchaînée ! elle vole et se répand en tous lieux ; et, quand Paul était dans les fers, la doctrine du Sauveur pénétrait jusque dans le palais des Césars !

— Et cette doctrine promet le repos, la vie et l'immortalité !

— Oui, ma fille, elle promet, elle donne tous les biens ; mais elle n'accorde le repos qu'à ceux qui n'ont pas fui le travail, la vie qu'à ceux qui ont affronté la mort, l'immortalité qu'à ceux qui ont méprisé les choses passagères. A ce prix, vous sentez-vous la force de professer cette doctrine ?

— Je ne saurais le dire, car les oracles de la Grèce ont assuré qu'on ne peut se connaître soi-même ; mais je sais qu'au milieu des richesses je suis pauvre en bonheur ; qu'entourée de flatteries et d'hommages, rien ne saurait combler le vide de mon cœur, et que sur les degrés du trône du maître de l'univers, je n'en suis pas moins la plus misérable des créatures. J'ai demandé la paix aux autels des dieux, aux fêtes du cirque, au travail de gynécée ; je l'ai demandée à la lyre des poëtes, j'ai étudié le doux Virgile et le divin Homère, et Platon, le favori de Minerve ; mais ni l'étude, ni le labeur paisible, ni les plaisirs bruyants, ni les riches hécatombes, rien, non rien n'a pu me don-

ner la paix et la joie.... Alors je me suis sou-
venue du pêcheur de Galilée, qui annonçait
une nouvelle terre où habitait la justice[1].
Mes deux serviteurs, Nérée et Achillée, chrétiens l'un et l'autre, m'ont parlé de toi, vieillard, et je suis venue avec ma suivante Euphrosine, qui veut partager mon sort....

— Et vous demandez le baptême?

— Je demande la paix.

— Brebis égarée que le Pasteur divin
poursuit, vous ne trouverez la paix qu'en
vous jetant entre ses bras! encore une fois,
demandez-vous le baptême?

— Mais le baptême attire la persécution?

— Oui, mais il donne le courage pour
la braver.

— Serai-je heureuse?

— Ma fille, regardez autour de vous :
voyez cette assemblée de vivants et de morts
qui tous vivent et ont vécu dans cette foi à
laquelle vous semblez appelée : que voyez-
vous sur tous ces visages? la tranquillité la

[1] 2ᵉ Ep. de S. Pierre.

plus inaltérable ; et pourtant, vous le savez, le glaive de la persécution est levé sur nos têtes ! Que voyez-vous sur ces tombeaux qui nous entourent ? l'expression de la paix et l'espérance de l'immortalité ! C'est pour la conserver, cette paix de la conscience, seul trésor de l'homme ici-bas, que nos frères chaque jour affrontent les supplices ; c'est pour conquérir cette immortalité qu'on les voit courir, le front riant, au-devant de la mort ! Paix en cette vie, bonheur éternel dans l'autre, voilà ce que notre Dieu vous offre, voilà l'assurance qui est signée du sang glorieux des martyrs ! Les garants de la foi que je vous propose, ce sont nos *frères immolés pour elle ; ce sont les chrétiens* consumés, flambeaux vivants, dans les jardins du fils d'Agrippine ; c'est Pierre mis en croix comme son divin Maître ; c'est Paul livré au fer du licteur ; c'est Jacques, le frère du Seigneur, mort aussi par le glaive ; ce sont enfin les vierges Pudentienne et Praxède, jetées aux bourreaux, malgré leur jeunesse et l'éclat de leur rang [1]. Voilà, ma fille, voilà l'auguste cohorte qui s'élève pour vous convier à la foi du Christ. Si vous voulez retourner aux autels des démons, vous y trouverez des soucis rongeurs durant cette vie, un jugement redoutable dans l'autre.... Choisissez! »

Flavie hésitait encore.

« Priez, ma fille, dit le prêtre; priez le vrai Dieu d'éclairer votre cœur. »

Elle s'agenouilla, le front voilé de ses mains, et relevant enfin la tête :

« Dieu, dit-elle, Dieu très-bon et très-grand! quel que soit le lieu que tu habites, quel que soit le nom qu'on te donne, écoute-moi, exauce-moi! En toi résident la sagesse et la vérité; fais-moi connaître ce qui peut te plaire et me rendre heureuse. Si l'encens qui fume aux autels de Rome est agréable à

[1] Prudentienne et Praxède étaient filles du sénateur Pudens, converti à Jésus-Christ par saint Pierre. L'Eglise leur attribue l'honneur d'avoir donné la sépulture à trois mille martyrs.

tes yeux, eh bien ! ramène-moi dans les temples chers à mes ancêtres ; si le culte des Chrétiens est le seul digne de toi, incline mon cœur vers leur doctrine et revêts-moi de force au jour de la persécution !

Tous les Chrétiens priaient ; le vieillard s'était prosterné devant l'autel de bois, sous lequel reposait le corps du Chef des Apôtres, et inclinant sa tête blanchie, il appelait à son aide celui à qui furent confiés les clefs du ciel. Prière puissante, qui montait vers le trône de Dieu avec le sang des martyrs, avec les soupirs de l'Eglise naissante, et qui s'unissait au Sang et aux soupirs de la Victime du Calvaire ; prière irrésistible, qui, s'élevant des grottes de Rome souterraine, a fait la conquête de l'univers plus sûrement que les légions de la Rome des Césars !

Flavie se releva enfin ; elle regarda encore l'assemblée des vivants qui attendaient le martyre, le sénat des morts qui déjà l'avaient reçu, et, se courbant devant le vieux prêtre, elle dit :

« Mon père, je demande le baptême !

— Loué soit le Seigneur, ma fille ! il a sur vous des desseins de miséricorde. Dès ce jour, vous êtes reçue au nombre des catéchumènes... Retirez-vous maintenant en paix, car nous allons offrir les saints mystères, et vous n'avez pas encore le droit d'y assister. Que la grâce de Dieu, que la paix du Seigneur qui surpasse tout sentiment, que les lumières du divin Esprit soient toujours avec vous ! »

II

Le Baptême.

> Le Christ a choisi ce lieu , pour y faire
> monter au ciel, par la voix du sang , les
> cœurs éprouvés, ou pour les purifier par
> l'eau. HYMNE DE PRUDENCE.

Plusieurs mois s'étaient écoulés ; Flavie ,
suivie de ses serviteurs , qui étaient aussi ses
frères en Dieu , s'enfonçait encore une fois
dans les ombres de la crypte Vaticane[1] ; mais

[1] La crypte Vaticane, où reposent les corps des SS.
Apôtres, est, après le Calvaire, le lieu le plus vénérable
du monde. Dès l'origine des persécutions, elle fut dévo-
lue à la sépulture des martyrs qui y reposent en nombre
incalculable. C'est sur ce sanctuaire qu'est élevée la
basilique de Saint Pierre.

ce n'était plus la païenne craintive, irrésolue,
ne sachant à quel autel offrir son encens, et
portant sur son front tout le trouble de son
cœur. La paix, la confiance, la joie illumi-
naient ses traits, alors qu'au milieu de la
nuit, quittant son palais et sa couche d'ivoire,
elle venait au fond de ces sombres grottes,
où le sang des martyrs semblait lui tracer
la route de l'échafaud. Ses vêtements mêmes
participaient à l'intime fête de son âme ; sa
tunique était blanche ainsi que son voile, et
une couronne de roses ceignait son front,
qui avait dépouillé les bandelettes d'or, les
bijoux précieux, ornements chers aux femmes
païennes.

L'assemblée chrétienne était nombreuse
et témoignait des progrès constants de l'E-
vangile ; le vieillard qui jadis avait accueilli
Flavie, et qui n'était autre que le pape Clément, troisième successeur de saint Pierre,
était assis sur la chaise de bois qui avait
servi de trône au pêcheur de Tibériade ; il
priait en silence, quand la fille des consuls,

conduite par la matrone Lucine[1], et suivie de ses compagnes, Euphrosine et Théodora, vint se prosterner à ses pieds.

« Ma fille, que demandez-vous? lui dit-il encore une fois.

— Je demande la grâce du saint baptême.

— Etes-vous instruite des mystères de notre sainte religion ?

— Mon père, je le suis.

— Vous croyez en un seul Dieu, tout-puissant et Créateur de toutes choses ?

— Je le crois !

— Vous croyez que Jésus-Christ, Fils de Dieu, et Dieu comme son Père, s'est fait homme pour nous sauver, qu'il a souffert, qu'il est mort, qu'il est ressucité ?

— Je le crois !

— Vous croyez en l'Esprit-Saint, amour

---

[1] Sainte Lucine l'Ancienne, femme illustre du 1er siècle de l'Eglise, qui donna souvent l'hospitalité aux Apôtres, et qui enseveli de ses mains, dans une de ses propriétés, le corps de saint Paul.

du Père et du Fils, sanctificateur de nos âmes ! Vous croyez en la sainte Trinité, trois Personnes ne faisant qu'un seul Dieu ?

— J'y crois !

— Pour confesser votre foi, vous renoncez au démon, au monde, à la chair ?

— J'y renonce ! je veux vivre et mourir dans le sein de l'Eglise instituée par Jésus-Christ !

— Alors la grâce du saint baptême vous sera conférée ; vous allez renaître de l'eau et de l'esprit : puissiez-vous, ma fille, garder jusqu'à la mort la robe sans tache que vous allez recevoir ! »

Le souverain Pontife se leva, et entouré des prêtres, des diacres, des acolytes, il se dirigea vers les fonts baptismaux. Flavie le suivit : autour d'elle, des vierges portaient des flambeaux et jetaient des fleurs sous ses pas ; arrivée à la fontaine régénératrice, elle s'agenouilla entre Lucine et Achillée, fidèle serviteur de son père, à qui elle-même devait les premières notions de la foi. Le chœur chantait le psaume : *Comme le cerf altéré soupire après les eaux vives, ainsi mon âme est altérée de vous, Seigneur!* Ce fut aux accents du Roi-prophète, qui peignent si bien les désirs d'une âme qui cherche son Dieu, que Flavie sentit couler sur son front cette eau vivifiante qui, mêlée au Sang rédempteur, efface la cédule de notre condamnation. Elle se releva, tenant en main le flambeau mystique, emblème de sa foi, et elle fut prendre sa place parmi les Chrétiens, auxquels elle venait d'être associée. Le saint sacrifice commença : dans les entrailles de la terre, sous les pavés de cette Rome souillée chaque jour de tant de débauches et de tant de meurtres, de cette Babylone enivrée de sang des saints et faisant boire à tous les peuples la coupe de ses abominations, sous les pieds de ce colosse d'or et de fange, allait s'offrir, dans les ténèbres de la nuit, le sacrifice pur et sublime, où l'Agneau qui lave les péchés du monde, Victime et Pontife tout à la fois, se présente à son Père! C'était sous la col-

line du Vatican, sous la maison même que
Néron avait bâtie pour les Césars, ses successeurs, que ce grand mystère allait s'accom-
plir ! Le prêtre et le peuple, prosternés,
confessèrent les infirmités de leur âme au
Père tout-puissant, à la Vierge sans tache,
au Princes des milices sacrées, au Précurseur
du Verbe, et enfin à ces généreux apôtres,
qui, présents sous l'autel, semblaient tres-
saillir à la prière des enfants qu'ils avaient
engendrés en Jésus-Christ ! Après avoir invo-
qué la Trinité sainte, ils célébrèrent la gloire
du Dieu qui siége au haut des cieux, et ces
voix proscrites, cachées dans les abîmes,
étaient les seules, dans tout l'univers, qui
glorifiassent le vrai Dieu. Le lecteur fit entendre au peuple attentif une des lettres que
Paul écrivait naguère à ses enfants bien-
aimés, et le diacre, après avoir purifié ses
lèvres par la prière, annonça le saint Evangile, lettre que le Verbe nous adresse du haut
du ciel. A la lecture de la parole sainte, suc-
céda le *Credo* : l'unité de Dieu et l'immorta-

lité de l'âme furent proclamées à la fois, doctrine sublime à peine entrevue par les plus
illustres philosophes, et révélée par des
hommes, *balayures du monde,* aux humbles,
aux petits, aux malheureux.

Tous se recueillirent plus profondément,
car les Cieux allaient s'ouvrir, et l'instant
approchait où le Fils de Dieu, soumis à la
voix du prêtre, descendrait encore une fois
parmi les enfants des hommes !... Le prêtre
adore le Dieu qui repose entre ses mains ; le
Ciel tout entier est sur l'humble autel ! Alors
tous les fronts se courbent, toutes les âmes
se répandent en prières, effusions saintes
qu'annonçait jadis le vase de la pécheresse
brisé aux pieds du Sauveur.... La prière qu'il
a enseigné lui-même retentit sous les voûtes ;
les Chrétiens invoquent leur Père céleste ; ils
appellent, par d'ardents soupirs, ce Ciel,
cette patrie où ils doivent régner ; ils deman-
dent que le règne de la justice et de la vérité
domine par toute la terre ; ils se soumettent
à la volonté de leur Maître, dût-elle les en-

voyer à la croix ou au bûcher ; ils sollicitent le pain de leur indigence ; ils pardonnent aux persécuteurs toujours avides de leur sang ; ils implorent l'appui de Dieu contre les tentations et les ennemis invisibles, lions dévorants qui rôdent dans la nuit.

Le cœur, de plus en plus préparé par la prière, se dispose à participer à la table céleste, à l'agape fraternelle, où l'on sert ce Pain, prémices de l'immortalité. Déjà le Pontife a reçu les dons précieux du salut ; le peuple à son tour approche de l'autel, et Flavie, au milieu de ses sœurs nouvelles, participe à ce Banquet divin, dont son âme était avide. Repliée sur elle-même, goûtant un bonheur mêlé de larmes, elle s'écrie, dans le silence de son cœur :

« J'ai trouvé Celui que chérit mon âme, je ne le quitterai plus ; j'ai trouvé Celui en qui est tout le bien.... mon Bien-Aimé est à moi et je suis à lui ! »

Ce Froment des élus, ce Vin qui fait germer les vierges, enflamme de plus en plus

son âme ; une résolution depuis longtemps
mûrie se fait jour, et lorsque le saint sacrifice est achevé, la jeune fille s'avance jusqu'au pied de l'autel, et, s'adressant au
pape Clément, elle dit :

« Père de tous les fidèles et mon vrai père
en Jésus-Christ, daignez m'entendre : vous
savez que je suis orpheline, et que je n'ai pas
de plus proches parents que Domitien, notre
empereur. Il a cru devoir me choisir un
époux parmi les courtisans qui l'entourent ;
cet époux est païen et ne me permettrait pas
de servir le vrai Dieu ; et moi, je ne désire
pas d'autre fiancé que Jésus-Christ, qui pos-
sède seul mon cœur. Permettez-moi de lui
jurer entre vos mains, une fidélité invio-
lable, et daignez me donner un gage de cette
consécration. »

En achevant ces mots, elle rejeta la couronne et le voile brodé d'or qui cachait sa
chevelure, et présenta au Pontife un voile
d'un tissu grossier, destiné à cacher et non
à orner le visage.

Clément, qui connaissait cette âme choisie, répondit :

« Qu'il soit fait selon vos désirs, ma fille ; soyez fidèle à l'Epoux que vous avez élu, et au jour des noces éternelles, vous suivrez l'Agneau divin, vous chanterez un cantique que nul ne peut chanter. Que Marie, vierge sans tache, soit désormais votre mère et votre modèle ! Acceptez ce voile en mémoire de vos vœux[1] ! »

Le voile retomba sur le front penché de Flavie, et elle prononça, à haute voix, la promesse mystérieuse qui donne à une mortelle un Dieu époux.

La dernière parole tombait à peine de ses lèvres, qu'un jeune homme, hors d'haleine, baigné de sueur, vint, franchissant les groupes, se jeter aux pieds du Pontife, en disant :

« Père saint, faites cacher les ornements sacrés ; distribuez aux frères, afin qu'ils l'em-

---

[1] D'après l'Histoire ecclésiastique, sainte Flavie Domitille est la première femme qui se soit consacrée à Dieu en prenant le voile de religieuse.

portent dans leurs maisons le Corps du Seigneur, car la persécution recommence; voici
l'édit de Domitien ! »

Le Pontife regarda l'édit que le jeune
homme, avant d'entrer aux catacombes, avait
arraché des piliers du Forum, et, levant au
Ciel ses mains jointes et son tranquille regard, il dit :

« Que la volonté de Dieu soit faite ! Vivants
ou morts, nous sommes au Seigneur ! »

III

Actes des Martyrs.

Je vis une grande multitude, que personne
ne pouvait compter, venant de toute race, de
toute tribu, de toute langue ; ils se tenaient
devant le trône en présence de l'Agneau, revêtus de robes blanches, et des palmes étaient
entre leurs mains.   APOC. VII.

Pour la seconde fois, une persécution gé-
nérale ensanglantait l'Eglise, et fécondait cet
arbre naissant qui devait abriter l'univers
sous ses vastes ombrages. Les échafauds se
relevèrent, les bûchers furent rallumés ; le
prétoire se remplit de ces instruments de tor-
ture, ingénieuses conceptions de la cruauté
la plus raffinée : les sombres cavernes du

cirque retentirent du hurlement des animaux
farouches et de ces cris plus sauvages encore :
« Les chrétiens aux bêtes ! » On vit, comme au
temps de Néron, les pompes du supplice, le
fer, le feu, les chevelets, les bêtes féroces
lancées contre un homme, le pal qui traverse
le col et sort par la bouche, la tunique tissée
et revêtue de tout ce qui peut servir d'aliment
à la flamme, le glaive qui vient rouvrir les
blessures à demi fermées et faire couler un
sang nouveau par les plaies devenues des ci-
catrices[1], et on voit aussi, comme autrefois,
la victime calme, souriant, et souriant de
bon cœur, regardant ses entrailles à décou-
vert, et contemplant ses souffrances de haut :
car comment s'effraierait-il celui pour qui la
mort est une espérance[2] ? » En effet, pour con-

[1] SÉNÈQUE (lettres).

[2] IDEM. Ces deux passages semblent prouver que le
philosophe, précepteur de Néron, a eu d'intimes rap-
ports avec les Chrétiens, chose peu surprenante, lorsqu'on songe aux conquêtes que saint Paul avait faites
jusque dans le palais impérial.

quérir ses biens immortels que la foi leur faisait espérer, les Chrétiens volaient au-devant des supplices ; jamais épicuriens, couronnés de roses, ne se présentèrent avec plus de joie à un somptueux banquet, que ces généreux confesseurs ne coururent aux lieux préparés par leurs tortures, et jamais les doctrines désolantes professées alors par le peuple romain ne reçurent un plus éclatant démenti. Les Chrétiens mouraient sans regret, parce qu'ils se sentaient immortels ; ils mouraient avec une joie confiante, parce qu'ils comptaient sur un Dieu rémunérateur. Sublime leçon donnée à ce peuple, qui, livré aux plus viles passions, vivaient dans l'oubli de l'âme, de la vie future, du vrai Dieu. Il fallait des fleuves de sang pour graver ces vérités sacrées au cœur de ces nations corrompues ; il fallait d'innocentes hécatombes pour essuyer sur les pavés de Rome les iniquités dont cette ville si fière s'était trop longtemps souillée ! Le sang coula donc, et quel sang !

On vit amener des frontières de l'Asie un vieillard vénérable par son âge et par le caractère auguste gravé sur ses traits : c'était le disciple chéri du Seigneur Jésus, celui qui avait été témoin de l'apothéose du Thabor, lorsque le Fils de l'Homme permit à sa divinité de jeter un rayon lumineux sur le voile mortel dont il s'était revêtu ; celui qui, pendant la Cène, avait incliné son front sur le cœur de son Maître ; celui qui, seul, l'avait suivi au Calvaire, qui, au pied de la Croix, représentant l'humanité tout entière, avait reçu le legs sacré du Sauveur expirant! Devenu l'apôtre de l'Asie, il avait, selon les prophétiques paroles du Christ, échappé au martyre et survécu à ses frères dans l'apostolat, quand l'ordre de Domitien le manda à Rome.

Livré aux bourreaux, il fut, pour le bon plaisir du peuple-roi, jeté dans une chaudière d'huile bouillante ; mais le Dieu qui ordonna que les feux de la fournaise épargnassent ses trois jeunes serviteurs, changea le brûlant liquide en un bain rafraîchissant. Saint Jean sortit vivant de cette cuve bouillante, et envoyé en exil à Pathmos, il y traça ce livre mystérieux où Rome, ivre du sang chrétien, eût pu lire le sort qui l'attendait. Elèves et disciples des Apôtres, saint Denis l'Aréopagite, saint Onésime, saint Timothée, donnèrent leur vie pour la vérité. Saint Antipas fut martyrisé à Pergame; témoin fidèle, il alla goûter cette manne cachée, ce pain de vie, réservé aux victorieux, et son nom a passé d'âge en âge, inscrit au milieu des sévères enseignements de l'Apocalypse.

Toujours inquiet pour la solidité de son trône, toujours poursuivi par ces antiques prophéties répandues en Orient et en Occident, et qui annonçait que le Maître du monde devait sortir de la Judée, Domitien fit comparaître devant lui deux petits-fils de l'apôtre saint Jude, vulgairement appelé le frère du Seigneur. Comme l'adulation sacrilége de l'historien Josèphe et de quelques autres juifs courtisans avait appliqué à Vespasien les prophéties qui regardaient le Messie, l'empereur voulut s'assurer de la famille de ce fils de David, roi d'Israël, à qui les nations étaient données en héritage. Les parents du Christ-Roi comparurent devant lui. Interrogés s'ils étaient de la race de David, ils l'avouèrent : quels étaient leurs biens, ils répondirent que tout leur patrimoine consistait en quelques arpents de terre qu'ils cultivaient eux-mêmes, et en même temps ils montrèrent leurs mains endurcies par le travail des champs. Un peu rassuré, Domitien leur demanda quel était le royaume du Christ. Ils lui dirent, selon les enseignements du Fils de Dieu, que ce royaume n'était pas de ce monde, mais qu'il se manifesterait à la fin des siècles, lorsque le Christ viendrait dans sa gloire, juger les vivants et les morts. Domitien tranquillisé, les renvoya libres comme des hommes simples dont il n'avait rien à craindre, qui ne menaçaient pas ce royaume terrestre auquel il bornait son am-

bition et ses désirs. Ces hommes furent élevés plus tard aux dignités ecclésiastiques , et
vécurent jusque sous le règne de Trajan.

Mais bientôt Domitien trouva jusque dans
sa famille, jusque sur les degrés du trône
impérial , des serviteurs de Jésus-Christ. La
foi, nous l'avons vu, montait des classes
pauvres et plébéiennes aux rangs élevés de la
société: eh ! là aussi n'y avait-il pas des larmes à sécher, des souffrances à guérir, des
peines cuisantes à adoucir? La croix fut d'a-
bord l'apanage du pauvre et de l'esclave ;
mais peu à peu les heureux du siècle, si
tristes sous leur masque d'allégresse , la ré-
clamèrent comme leur force et leur appui, et
achetèrent de tout leur sang le droit de s'en
parer. Rome vit au pied du prétoire un de
ses patriciens qui venait à peine de déposer
les faisceaux consulaires : Flavius Clémens,
cousin-germain de Domitien, était accusé
d'avoir adopté des superstitions étrangères ;
en d'autres termes, d'avoir embrassé le christianisme. En vain tout semblait l'enchaîner

à la terre, et la richesse et le bonheur do-
mestique et les flatteuses espérances de l'a-
venir, car ses fils étaient élevés pour le trône
et devaient succéder un jour à Domitien ;
rien ne put arrêter ce généreux confesseur
de la vérité; il refusa l'encens aux idoles et
donna son sang au vrai Dieu, abandonnant
sans regret des hommes passagers, pour cette
couronne incorruptible que le Roi des martyrs, le divin Héros des âmes fortes, réserve
à ses soldats.

Nous avons tracé quelques-uns des noms
illustrés par cette persécution sanglante, celui
du disciple bien-aimé, celui de *l'ange* de
Pergame, celui du consul devenu martyr ;
mais qui pourrait compter cette légion innombrable, immolée par le fer et par le feu,
des mers de l'Asie jusqu'aux forêts de la
Gaule, et dont les victorieux soldats ne sont
connus que de Dieu seul? Leurs noms ins-
crits au livre de vie ne seront relevés qu'en
ce jour redoutable où les victimes paraîtront
devant leurs oppresseurs, et terrasseront de

tout l'éclat de leur gloire ceux qui jadis les ont bannis de la vie. Alors ils seront reconnus ; alors les juges iniques, les vils délateurs, les infâmes bourreaux reconnaîtront ces visages qu'ils ont vus couverts de la pâleur du supplice ; ils verront, dans le sein de Dieu, ceux qu'ils ont livrés aux bêtes des forêts ; ils verront, couronnés de splendeur, ceux qu'ils ont jetés aux gémonies ; et, pleins d'horreur, ils prieront la terre de les cacher dans ses entrailles, les montagnes de les écraser de leur poids, mais ce sera en vain : *Les saints exécuteront le jugement de Dieu sur les méchants ; c'est la gloire que Dieu réserve à ses élus*[1].

[1] Ps. CXLIX.

IV

La Chrétienne et l'Edit.

Je suis comme une victime qui a déjà
reçu l'aspersion pour être immolée ; le
temps de ma délivrance approche.

S. PAUL, II. TIM.

En apprenant la mort de son bienheureux
parent, dont la tête venait de tomber sous la
hache, Flavie se sentit dévorée d'une sainte
jalousie. Elle enviait moins peut-être la récompense immortelle, que le bonheur de té-
moigner un amour pur à Celui qu'elle avait
choisi pour époux, et de donner, du haut de
l'échafaud, un gage de fidélité à ce Dieu qui
nous a aimés le premier, qui nous a aimés

jusqu'à la mort et jusqu'à la mort de la croix !
Pleine de ces pensées, elle redoubla d'ardeur
dans sa prière , de zèle dans sa charité. Ses
biens étaient devenus ceux des pauvres; les
ornements de son palais, marbres et bronzes,
s'étaient changés en pain pour nourrir l'indigence; elle-même, devouée tout entière au
service de ses frères, pratiquait ce qu'autrefois prescrivait l'Apôtre : la fille des séna-
teurs lavait les pieds des pauvres du Christ,
elle baisait les chaînes des saints , elle préparait de ses mains leur nourriture frugale.
Introduite furtivement dans les cachots , elle
pansait leurs plaies , et , fidèle à la pieuse
tradition des Prisca, des Pudentienne , des
Praxède, elle exposait chaque jour sa vie pour
recueillir le sang des martyrs , vénérer leurs
restes précieux et leur procurer les honneurs
de la sépulture. La nuit venue , elle sortait,
suivie de ses serviteurs ; elle parcourait ce
grand champ de bataille où se livraient
chaque jour les combats du Seigneur ; elle
allait sur les places publiques, au Cirque, au

Colysée, récemment élevé par Titus, en tous ces lieux enfin où la barbarie païenne avait trouvé des âmes invincibles dans des corps mortels ; là, elle dévorait parfois à la voracité des chiens les cadavres abandonnés, elle essuyait le sang encore humide sur les dalles, elle recueillait, près des bûchers, les cendres et les ossements à demi consumés, et elle transportait ces dépouilles glorieuses, promises à la résurrection, dans le repos des Catacombes.

Une nuit, elle était occupée à ce pieux travail ; Nérée et Achillée avaient acheté d'un bestiaire la permission de pénétrer dans le Cirque, où la veille un grand nombre de frères avaient été mis à mort. Tout était silencieux sous ces profondes arcades où quatre-vingt mille spectateurs s'asseyaient à l'aise ; on n'entendait ni le bruit des fanfares, ni les applaudissements tumultueux du peuple, ni les rugissements des bêtes, qui dormaient, repues, au fond de leurs cavernes. La lune projetait sur l'arène le grandes ombres du monument, et son pâle croissant, suspendu à la voûte des cieux, semblait une lampe funéraire préparée par les anges pour la sépulture des martyrs. Ils étaient en grand nombre couchés sur le sable, comme, après une victoire, de vaillants guerriers s'endorment sur le champ de bataille, témoins de leur triomphe. Déjà, les deux fidèles serviteurs de Flavie avaient recueilli avec soin les ossements épars ; ils avaient enseveli dans des linceuls blancs et fins, parsemés d'aromates, plusieurs cadavres mutilés, déchirés jusqu'aux entrailles par les ongles de fer et par les griffes acérées des léopards, quand ils trouvèrent, chastement enveloppé des plis d'un manteau, le corps d'une jeune fille qui avait vu fuir, par une seule blessure, son sang et sa vie. Ils le prirent avec respect et le transportèrent sous le portique, où Flavie et ses compagnes préparaient les linges et les parfums.

La jeune chrétienne tomba à genoux devant ces restes vénérables ; elle les reçut comme elle eût reçu le corps d'une amie ou d'une sœur.... et pourtant quel était le nom de cette jeune vierge ? tous l'ignoraient. Elle était tombée, en ne laissant au monde que le souvenir de sa foi. Etait-ce une patricienne ? était-ce une esclave ? avait-elle vu le jour aux bords du Tibre ? venait-elle de cette illustre Grèce, à qui Paul avait révélé le Dieu inconnu ? était-ce une fille des Gaules, abandonnant les sanglants autels de ses dieux pour la crèche de Bethléem et la croix du Calvaire ? Nul ne pouvait le dire ; elle était inconnue de tous, comme ces étoiles sans nom et sans histoire parmi les hommes, qui ne brillent que pour Dieu seul !

Flavie, après avoir vainement interrogé ses traits, lui ôta sa tunique ensanglantée et lava sa profonde blessure, en répandant des pleurs d'envie et d'admiration. Elle prit soin de presser dans un vase le sang qui sortait de la plaie ; ce sang, éloquent témoignage, ne devait pas être perdu pour la postérité. Après s'être acquittée de ces premiers soins, elle plaça le cadavre sur un grand linceul de fine toile, et l'environna de précieux aromates, de parfums exquis, rappelant ainsi les tendres services que les saintes femmes de Jérusalem rendirent au corps meurtri du Sauveur. Et, roulant enfin le funèbre vêtement autour des membres de la jeune martyre, elle la porta dans une litière que ces serviteurs avaient amenée.

Le cortége pieux se mit en marche vers les Catacombes. C'était l'heure où Rome voyait finir les orgies de ses princes, fêtes infâmes, qui *faisaient pâlir la lune*, selon l'expression d'un historien. Alors, au milieu des groupes attardés qui sortaient du *triclinium*, portant encore au front la couronne du festin, on voyait se glisser parfois une litière fermée, escortée par quelques hommes silencieux.... on voyait qu'elle portait une femme lassée de fêtes, quelque fière patricienne venant de célébrer dans les ombres quelque mystère du paganisme... On se trompait : cette

litière cachait un cadavre chrétien, un corps
de martyr, et son passage purifiait l'air
corrompu par tant de crimes. Des femmes
romaines faisaient partie de ce cortége, et se
dérobaient, il est vrai, à tous les regards; si
elles cherchaient les ténèbres de la nuit, c'é-
tait pour y cacher non leurs fautes, mais
leurs bonnes œuvres[1] !

Flavie fut reçue à l'entrée des Catacombes

[1] On ne peut ignorer avec quel zèle les dames romaines s'employaient à la sépulture des martyrs. On
voit, dans l'histoire sacrée, Lucine, Plautille, enseve-
lissant S. Pierre et S. Paul; Ste Cyriaque, rendant les
mêmes honneurs au grand martyr S. Laurent; une autre
Plautille, recherchant les corps de Ste Rufine et Ste
Seconda; Félicité, recueillant les cendres de quatre
martyrs persans; Ste Juste, enlevant des gémonies le
corps de S. Restitut; Ste Théodora, déposant dans sa
propre catacombe les martyrs Abondantius et Abbon-
dius; et Ste Lucine, cachant, dans son palanquin, les
corps de vingt-trois martyrs et les emportant jusqu'à
son cimetière, situé sur la voie d'Ostie. Cette œuvre
de charité, qui rappelait les occupations du saint
homme Tobie, fut des plus communes dans la naissante
Eglise, en dépit des dangers qui s'y trouvaient attachés.

par des prêtres et des diacres, auxquels elle remit son précieux dépôt, et tous, un flambeau à la main, suivant les corps saints portés avec respect, s'acheminèrent dans les sombres galeries en répétant ces prières admirables, langage céleste dont la seule Eglise romaine est en possession. Deux chœurs se répondaient et disaient tour à tour :

« Les corps des Saints reposent dans la
» paix, et leur nom vivra éternellement.

» Voici ceux qui sont venus de la grande
» tribulation, et qui lavèrent leurs robes
» dans le sang de l'Agneau.

» Vos serviteurs ne craignirent pas les
» coups des bourreaux ; c'est pourquoi vous
» leur avez donné une place d'honneur dans
» le royaume de votre Père.

» Ils livrèrent leur corps à la mort plu-
» tôt que d'adorer les idoles ; et ils ont
» reçu la couronne et la palme de l'immor-
» talité.

» Vous les avez couronnés d'honneur et
» de gloire, ô mon Dieu, et vous les avez

» établis sur les ouvrages de vos mains.

» Ils passèrent par l'eau et par le feu, et
» vous les avez conduits au lieu du rafraî-
» chissement; leur repos sera éternel.

» Les Saints tressailliront dans la gloire.

» Ils se réjouiront dans leurs demeures.

» Les Justes vivront éternellement.

» Et leur récompense est auprès du Sei-
» gneur.

» Le Seigneur garde tous leurs os.

» Et chacun d'eux ne sera brisé.

» Priez pour nous, saints martyrs,

» Afin que nous devenions dignes des pro-
» messes de Jésus-Christ. »

La procession funèbre, accrue par l'arrivée de nombreux chrétiens, était parvenue
à la crypte où se célébraient les saints mystères. Les corps sanglants des martyrs furent
déposés devant l'autel; un vieux prêtre, blanchi dans les combats de la foi, et dont les
mains glorieusement cicatrisées portaient la
marque des cruautés de Néron, s'apprêta
à offrir la grande Victime pour la paix et

le salut des vivants et des morts. Ils ne re-
vêtit point les ornements de deuil, il ne
prononça point les saintes oraisons destinées à abréger l'expiation des décédés ; car
ces glorieux trépas demandaient l'hymne de
la joie, le cantique de la victoire, et non
pas le chant suppliant des funérailles : il
célébra le sacrifice, afin de glorifier le
Dieu des martyrs, afin de le remercier de la
force invincible dont il armait ses serviteurs,
afin de s'unir à la divine joie de ses triom-
phateurs, et de solliciter, par leur sang et
leurs prières, pour leurs frères encore exilés,
un courage semblable au leur.

Cependant, au milieu du silence univer-
sel, on entendait retentir parfois une plainte
aussitôt étouffée ; parmi tant de visages cal-
mes et screins, on distinguait quelques fronts
pâlis, quelques regards obscurcis de larmes.
Au milieu de la foule recueillie se trouvaient
les parents des martyrs ! Une mère pleurait
son fils unique, tombé sous le glaive du con-
fecteur ; une épouse montrait, d'une main

tremblante, à ses petits enfants le corps immobile de leur père ; une autre, plus soumise et plus forte, s'enorgueillissait d'avoir partagé le sort mortel d'un martyr de Jésus-Christ.... beaucoup pleuraient, mais leurs larmes mêmes n'étaient pas sans douceur....

La nuit approchait de son terme ; le saint Sacrifice achevé, les dépouilles illustres furent portées jusqu'au lit du repos, que leurs frères avaient creusé dans les murs des Catacombes. Ils y furent déposés tour à tour ; la fiole renfermant leur sang, versé en témoignage, fut scellée auprès d'eux ; un instant encore, leurs parents, leurs amis purent voir ces morts chéris, couchés pour l'éternité, et puis une pierre ferma l'ouverture des tombeaux. Des mains attentives y gravèrent un nom, une date, une palme, signe de la victoire, gage certain auquel la postérité devait reconnaître la couche funèbre d'un soldat du Christ. Flavie rendit elle-même ce dernier honneur à la vierge martyre dont elle avait vénéré les restes ; ignorant le nom

qu'elle avait porté parmi les hommes, elle se
contenta de graver sur sa tombe le mot con-
solant, *En paix*, accompagné de la palme
triomphale.

« Mes frères, séparons-nous, dit le vieux
prêtre quand ces derniers soins furent com-
plétés ; l'aurore va se lever, l'aurore qui,
peut-être, sera pour plusieurs d'entre nous
le signal du martyre ! S'il en est ainsi, frères
bien-aimés, réjouissons-nous, je vous le dis
encore, réjouissons-nous dans le Seigneur !
Heureux celui qui souffre persécution pour la
justice, car le royaume des cieux lui appartient ! Et vous, mères chrétiennes, dont je
vois les larmes, réjouissez-vous aussi, car le
fruit de vos entrailles est béni, car vous avez
atteint votre vrai but, vous avez enfanté des
habitants à la cité de Dieu ? Vous, épouses,
soyez dans la joie, car ils ont vaincu ceux
que vous avez si tendrement aimés ! En ce
moment où vous les pleurez, l'Agneau divin
les mène aux sources d'eau vive ; il essuie
toutes les larmes de leurs yeux ! Elevez vos

cœurs, mes bien-aimés , car je vous le dis ,
le royaume de Dieu est proche ! »

La voix prophétique cessa de retentir ; les
Chrétiens s'éloignèrent en silence, saluant
des yeux ces tombeaux ouverts, préparés d'a-
vance , et où peut-être ils viendraient dormir
le soir. Flavie adressa une fervente prière à
la sœur inconnue qui déjà avait rejoint le
chœur mélodieux des vierges , et elle monta
le tortueux escalier.

Le jour se levait et brillait sur les montagnes de la Sabine ; les parfums de la campagne, la fraîcheur matinale saisirent agréa-
blement la jeune chrétienne ; il semblait
qu'au sortir des sombres Catacombes, la vie
empruntât pour la séduire le charme virginal
d'une matinée de printemps ; elle regardait
avec plaisir le bleu profond du ciel, et louait
Celui dont le firmament publie la magnifi-
cence, lorsqu'en mettant le pied sur la dernière marche de l'escalier, elle s'aperçut
qu'une cohorte de prétoriens gardait cette
entrée.... Le centurion s'approcha d'elle, et,

d'une main brutale, il releva son voile....
Il la reconnut.... aussitôt il la fit entourer
de ses soldats, et dit :

« Au palais de César, lui seul doit juger
sa parente ! »

V

Domitien.

Tous les royaumes de la terre me sont
livrés, dit le tentateur, et je les donne à
qui je veux.

LUC, IV.

Quand Flavie, entourée de ses gardes,
arriva au palais impérial, la porte en était
assiégée déjà par la foule des affranchis et
des parasites qui venaient épier le réveil et
solliciter les grâces de César. Si la jeune
chrétienne avait levé les yeux, elle aurait pu
reconnaître parmi ces suppliants les héritiers des races les plus fières, tant un siècle
de tyrannie avait profondément avili le caractère romain ! Elle passa, captive, et seule

libre pourtant, au milieu de ces orgueilleux esclaves. Elle franchit le seuil de ce palais, modestement commencé par Auguste et où dix empereurs, ses successeurs, avaient accumulé les richesses de l'univers. « Pour le construire, la puissance impériale, dit Tacite, avait obtenu de l'art tout ce que la nature refusait. » Ses salles de festins avaient des plafonds d'ivoire, d'où tombaient des fleurs, d'où jaillissaient des eaux parfumées; ses bains étaient une merveille; les peintures qui ornaient les murs des souterrains avaient occupé la vie d'un artiste; ses jardins spacieux voyaient bondir les daims et les antilopes; ses galeries étaient remplies d'un peuple de dieux, venus des cités de la Grèce; enfin tout ce que le sensualisme païen sut inventer, tout ce qu'une puissance sans bornes peut accorder à des désirs sans frein, se trouvait réuni dans cette demeure, et il semblait que l'ennemi de la race humaine eût amené Flavie en ces lieux pour l'enchanter, jusqu'au pied de l'échafaud, par le tableau des délices de la vie. Mais il avait trouvé une âme désormais insensible à ces vains appâts ; elle avait bu ce Sang qui fait les martyrs, qui change en lions les vierges timides, et qui verse l'horreur des voluptés, en même temps que le mépris des tourments et de la mort !

Amenée dans une salle splendide, et laissée seule quelques instants, elle regarda autour d'elle. Ses chastes regards se détournèrent des impures divinités, inventées par la Grèce et l'Egypte, et qui, gardiennes du foyer des Césars, recevaient l'encens et les libations. Elle contempla ces beaux lieux, remplis des souvenirs de sa race ; elle se souvint, qu'enfant encore, elle avait vu Titus, vainqueur de la Judée, recevoir dans cette même salle l'hommage et les vœux du Sénat. Tous les souvenirs de grandeur lui apparurent ; tous les fantômes de félicité qu'avait pu enfanter sa jeunesse se levèrent et passèrent devant elle ; il semblait que des voix molles et caressantes répétassent à son oreille :

« La vie, — la puissance, — la richesse, — le bonheur ! »

Mais une voix plus forte s'élevait de son propre sein et répondait : « Dieu ! — l'éternité ! »

Un bruit se fit entendre : toutes ces images chimériques disparurent ; la porte s'ouvrit, et Domitien, appuyé sur un de ses familiers, entra lentement. On le sait : jamais frère ne ressembla moins à son frère que Domitien à Titus : héritier de la haine de Néron contre le Christianisme, il fut le second anneau de cette chaîne de persécuteurs dont les arrêts devaient couvrir de gloire l'Eglise qu'ils prétendaient étouffer. De plus près qu'un autre cependant, il avait vu s'exécuter les mystérieux arrêts de la vengeance divine ; il avait entendu son frère, debout sur les ruines du temple de Sion, s'écrier qu'il n'était que l'exécuteur des desseins célestes ; il avait vu la Judée captive, foulée aux pieds des nations, et plus d'une voix sans doute lui avait redit les oracles du Christ sur la ville déicide. Les archives du Sénat renfermaient les lettres de Ponce Pilate à Tibère et les actes du procès inique intenté au Fils de David.... Enfin, il avait pu connaître Dieu ; *mais ne l'ayant point glorifié comme Dieu, il fut livré à son sens dépravé* [1] et aux passions viles dont son âme était remplie.

Quand Domitien s'approcha d'elle, Flavie se leva et se tint debout, pleine de calme et de dignité. Il la regarda longtemps ; des passions violentes se peignaient sur son front bas et dans ses regards cruels, et prenant la parole, il dit brusquement :

« Connais-tu la sentence que j'ai rendue contre Flavius-Clemens ?

— Je la connais.

— Sais-tu pour quel motif il avait encouru ma colère ?

— Je le sais.

— Et tu ne trembles pas ?

— Non.

— Fille imprudente, ne me brave

[1] S. Paul, aux Romains.

pas ! Veux-tu abjurer ton Christ et aller à l'instant offrir un sacrifice au temple de Junon ?

— Je ne le veux pas !

— Tu persistes?

— Je suis chrétienne ! »

Il se détourna et parcourut la salle, comme un tigre mis en cage, et, revenant vers elle, il reprit :

« Tu es courageuse, et cela te sied; mais tu es belle, tu es jeune aussi, trop jeune, trop belle pour mourir ! Ecoute-moi : obéis à mes ordres, renonce à de viles superstitions, bonnes pour la plèbe et pour les esclaves; regarde ton sort de plus haut! J'ai de grands desseins sur toi; tu seras ma sœur, ma fille... je te marierai à un jeune homme de noble race, dont les domaines couvrent des provinces, et, j'en jure par les dieux, tes enfants seront les héritiers de l'empire. Matrone romaine, à toi tous les honneurs ! ceux que je te ferai rendre surpasseront les hommages que Caïus rendit à sa sœur Drusille; tu seras au-dessus

de toutes les femmes, et je paierai, par des
biens sans nombre, ta soumission d'un
jour.... »

Flavie ne répondit pas.

« Songe à la vie et à ses délices, poursui-
vit l'empereur ; l'amour d'un jeune époux,
la beauté des enfants, orgueil de leur mère,
la puissance et la richesse, les splendeurs de
Rome, les jouissances de ta villa de Baïa....
quels biens peux-tu donc préférer à ceux-là ?

— Les biens immortels, César, que ni la
tyrannie ni la mort ne pourront me ravir.
N'insiste pas davantage ; je n'ai qu'un mot à
dire : je suis chrétienne !

— Misérable, tu l'es donc ! mais si tu re-
jettes mes bontés, crains ma vengeance !
Ton sang ne coulera point sous la hache du
licteur, comme celui de Flavius ; mais un
long exil, tourment de chaque jour, te sera
préparé !

— Quelle joie, ô mon Dieu, de pouvoir
souffrir aussi longtems pour vous !

— Quand tes pieds seront dans les ceps,

quand la faim dévorera ton corps, quand la misère hideuse viendra t'assaillir, loueras-tu encore ton Dieu ?

— Plus que jamais !.... Adieu, César, je te rends grâces d'un arrêt qui m'ouvre les portes de la vie véritable, et je souhaite qu'un jour tu puisses adorer ce qu'aujourd'hui tu blasphèmes ! Adieu, frère de ma mère ! adieu, maison de mes ancêtres ! adieu, Rome, mon pays ! je vous quitte pour mon Dieu, pour la maison de mon Père céleste et pour la patrie que rien ne pourra me ravir ! »

En disant ces mots, elle se remit aux main des gardes ; et le soir même une litière, escortée de soldats, suivait la route qui conduisait vers Parthénope.

V

Le retour vers la patrie

Saintes douceurs du ciel! adorables idées!
Vous remplissez un cœur qui vous peut recevoir!
De vos sacrés attraits les âmes possédées
Ne conçoivent plus rien qui les puisse émouvoir!
Vous promettez beaucoup et donnez davantage
  Vos biens ne sont pas inconstants ;
  Et l'heureux trépas que j'attends
  Ne vous sert que d'un doux passage,
  Pour nous introduire au partage
  Qui nous rend à jamais contents !
CORNEILLE. Polyeucte.

César avait réalisé sa menace ; l'exil était devenu pour sa parente un long martyre, et l'île de Pontia, une des plus riantes de la mer Tyrrhénéenne, était devenue le théâtre de ce supplice de tous les instants. Un étroit cachot servait de demeure à la fille des consuls et à ses compagnes, Euphrosine et Théodora emprisonnées avec elle. L'obscurité de la prison, la privation d'air et de jour, la disette des choses les plus nécessaires à la vie, les fers, les ceps, tels étaient les ingénieux tourments réservés par Domitien à la petite-fille de sa sœur. Elle avait tout accepté, calme et joyeuse ; car elle avait trouvé la liberté dans les chaînes, la félicité dans les larmes, et de délicieuses espérances dans l'attente de la mort. Prisonnière de Jésus-Christ, elle était fière de ses souffrances, et bénissait l'heureux instant où le Dieu crucifié était venu se révéler à son cœur. Un mot lui eût rendu son palais de Rome, sa villa aux bords des flots, ses richesses, sa puissance... mais quel prix avaient ces biens éphémères aux yeux de cette épouse fidèle, qui ne voulait porter à son immortel Epoux que l'inaltérable trésor de sa pureté sans tâche et de sa constance invincible ? Tels furent les pre-

miers prodiges de cette religion , conqué-
rante du monde ! elle donna aux femmes,
aux filles des patriciennes de Rome, élevées
dans la mollesse , énervées par le luxe , une
force indomptable; elle retrempa leurs âmes
dans la justice et la vérité, et elle tira sa première gloire des êtres les plus faibles et les
plus impuissants.

Bien des jours s'étaient écoulés depuis la
captivité de Flavie , lorsqu'une nouvelle aurore sembla lui annoncer de nouveaux supplices. La jeune chrétienne dormait encore
sur une pierre, seul lit de repos qui lui fut
accordé. Sa tête pâlie reposait sur une de ses
mains, un doux sourire se jouait sur ses
lèvres, comme si dans l'enchantement d'un
songe , elle fut prête à adresser de douces
paroles à quelque sainte vision. Le rayon
du jour, passant à travers une étroite fenêtre, frappa ses paupières ; elle s'éveilla,
regarda autour d'elle, et, joignant les mains,
elle dit avec ferveur : « *Mon Dieu*, *mon
Dieu ! dès l'aurore je soupire vers vous, mon*

âme a soif de vous ! avec quelle ardeur mon cœur se tourne vers vous ! »

Craignant d'éveiller ses suivantes, qui goûtaient encore un paisible repos, elle pria en silence, et tira de son sein le volume des Evangiles, que jusqu'alors elle avait su dérober à ses geôliers ; elle lut la parole divine et se plongea dans ces sacrées délices que Dieu réserve à ceux qui l'aiment. Oh ! que ces oracles, si redoutables aux impies, lui semblaient doux ! qu'elle lisait et relisait avec bonheur une loi qu'elle avait suivie et des promesses dont le saint livre lui assurait la réalisation ! *Bienheureux les pauvres !* disait la sainte Ecriture ; et la servante du Seigneur sentait son âme inondée de joie en pensant aux grandeurs, que naguère elle avait foulées aux pieds ! *J'aimerai ceux qui m'aiment,* disait plus loin la bouche même du Fils de Dieu ; et le cœur de Flavie se rendait le glorieux témoignage d'un amour plus fort que la mort. L'humble vierge, accoutumée à se mépriser elle-même, écoutait avec surprise les paroles consolantes dont la voix du Seigneur rassasiait son âme ; il semblait, au moment de franchir un passage dangereux, un père plein d'affection, tendant la main à son enfant, et l'invitant à se jeter entre ses bras avec une absolue confiance. O amour de Dieu, plus tendre que celui des pères et des mères, qui dira les joies dont vous combliez vos fidèles serviteurs ?

Quand ses compagnes furent réveillées et eurent prié à leur tour, Flavie les salua avec douceur et leur dit :

« Laissez-moi vous raconter, mes sœurs, un songe mystérieux par lequel le Seigneur m'a visitée cette nuit, et dont le souvenir me poursuit depuis mon réveil. J'étais, me semblait-il, dans un cachot étroit, obscur, semblable à celui-ci ; abattue sous le poids des ennuis, je soupirais après ma délivrance, lorsque soudain je vis s'approcher de moi une cohorte brillante. C'étaient de jeunes filles, pleines de grâce et de douceur ; elles portaient des couronnes de roses sur leur chevelure ; des rayons lumineux, trop vifs pour un œil mortel, paraissaient éclater sur leur front ; elles tenaient à la main des palmes vertes, et des harpes aux cordes d'or pendaient à leur ceinture. Qu'elles étaient belles et sereines ! qu'elles semblaient douces et puissantes ! Elles me saluèrent avec douceur ; je leur dis : « Où donc allez-vous ? — Aux noces de l'Agneau ; et vous êtes invitée, me répondit l'une d'elles. Je suis Thécla, que le Seigneur Jésus a sauvée de la dent des lions et de la fureur des flammes. Maintenant je suis en paix ; ce soir, vous serez avec nous !

— Ce soir ! répétèrent les vierges.... et le chœur mélodieux passa légèrement devant moi. Je reconnus parmi elles la jeune fille dont j'avais enseveli les restes dans les catacombes du Vatican ; elle me sourit et répéta : « Ce soir !... » Elles disparurent ; j'entendis longtemps le frémissement des harpes ; je respirai des senteurs embaumées, et quand je me réveillai, je sentis mon âme fortifiée par l'amour et la confiance. Mes sœurs, il serait donc vrai ! le Seigneur nous appellerait au martyre et au ciel !»

Elle ne put achever. L'officier préposé à la garde des prisonnières entra dans le cachot : il s'inclina devant Flavie avec plus de respect que d'ordinaire, et lui tendit un pli roulé.

Elle lut; et, levant au ciel ses mains enchaînées, elle s'écria avec transport :

« Gloire au Seigneur ! réjouissez-vous, mes sœurs, mes chères compagnes dans la foi, l'heure bénie du sacrifice est enfin arrivée! Ce soir, oui ce soir, nous irons au Ciel !

— Madame, lui dit l'officier, souffrez un dernier témoignage du respect que je porte à votre illustre race : avez-vous une volonté suprême à laquelle je puisse obéir?

— Prenez ce livre, répondit-elle en lui présentant le volume des Evangiles ; portez-le à mes chers serviteurs, Achillée et Nérée, et dites-leur que je les devance et que je prierai pour eux.

— Est-ce tout ?

« — Vous voyez ce voile ? il m'est précieux, et je désire qu'il ne me soit pas enlevé.

— Vous serez obéie.

— Portez à César mon salut, et dites-lui que je souhaite que sa mort soit aussi paisible que la mienne. Maintenant, Lucius, dites aux bourreaux que nous les attendons !

— Il n'est donc aucun moyen de vous sauver ? s'écria l'officier.

— Aucun, répondit-elle avec un doux sourire, car notre volonté libre consent à l'arrêt du supplice.... »

Lucius se retira, étonné de tant de force unie à tant de candeur; plus tard, il s'enquit de cette doctrine qui donnait un mâle courage à des filles timides, et se fit chrétien. Une partie de la journée s'écoula, et le soleil, qui s'abaissait vers la mer, annonça aux captives la fin du jour laborieux qu'on nomme la vie. Des esclaves nubiens, attachés au service du bourreau, avaient tout disposé pour le supplice des trois martyres ; l'ordre de César voulait qu'on les brûlât dans leur prison, et on avait changé cette chambre en un vaste bûcher.

Attachées à un pilier qui soutenait la voûte, les trois Chrétiennes semblaient trois blanches victimes destinées au sacrifice. Flavie avait abaissé sur son beau visage le voile, emblème de ses vœux, qui jadis lui avait été donné par le pape Clément I, et, les mains jointes sous ses chaînes, elle priait intérieurement. Parfois, elle adressait quelque douce parole aux compagnes qu'elle avait si heureusement entraînées sur ses pas, et, prête à mourir, elle considérait avec une indicible joie ses deux esclaves qu'elle avait engendrées à la liberté du Christ.

Le moment tant désiré sonna enfin; le bûcher était prêt et amoncelé autour des condamnées : le bourreau s'en approcha, une torche à la main, et il y mit le feu. La fumée tourbillonna longtemps et empêcha les soldats qui se pressaient, silencieux, épouvantés, à la porte de la prison, de distinguer les victimes ; on entendait seulement leurs voix qui chantaient le Symbole des Apôtres. Mais enfin tout l'édifice de bois et de paille s'enflamma et ne forma plus qu'une masse incandescente. Alors on vit les martyres ! Euphrosine, jeune et faible, avait succombé ; sa tête pâle était renversée contre le pilier comme un lis foudroyé ; Théodora, dont les liens s'étaient rompus, gisait à ses pieds, et à demi consumée, elle rendait paisiblement son âme à Dieu. Flavie seule était debout ; les flammes avaient dévoré son voile flottant, et elle apparaissait à ses bourreaux, les yeux levés, les lèvres entr'ouvertes et dans l'extase de la prière. Soldats et bourreaux détournèrent la tête, ne pouvant soutenir l'éclat de ce visage ni l'imposante beauté de ce front expirant. Quand ils osèrent lever les yeux, tout était fini ; la victorieuse martyre venait de s'envoler vers les tabernacles éternels..... l'épouse était allée aux noces de l'Epoux !

Le soir même, un homme qui portait encore la casaque militaire, demanda à être introduit auprès de Lucius. Lorsqu'ils furent seuls, l'étranger dit à l'officier :

« Lucius, me reconnaissez-vous ? »

Lucius éleva la lampe pour mieux voir les traits de son hôte, et, après un instant d'examen, il lui tendit la main, disant :

« Tu es Auspicius, qui servais avec moi sous les enseignes d'Agricola. Je n'ai pas oublié que, dans les Bretagnes, tu m'as sauvé la vie, et je rends grâces aux dieux qui me permettent de te recevoir sous mon toit.

— Puisque vous vous souvenez de moi, accordez-moi une seule grâce. Je désire emporter et ensevelir les corps des Chrétiennes mises à mort aujourd'hui.

— Et toi aussi, tu es donc chrétien !

— Je le suis, grâce au Ciel.

— Eh bien ! tu seras obéi, suis-moi, et prie ton Dieu d'éclairer un esprit flottant et irrésolu. »

Ils se dirigèrent vers le cachot, et, quelques heures après, une barque, conduite par Auspicius, voguait sur la mer Tyrrhénienne, qui, sillonnée tant de fois par les galères triomphantes des Romains , n'avait jamais porté de plus noble fardeau. Les anges conduisirent au port ce frêle équipage, et les ossements précieux de Flavie furent déposés dans la paix des Catacombes.

Quelque temps après, ses serviteurs, Achillée et Nérée , souffrirent et triomphèrent à leur tour. Le glaive termina leurs combats.

VII

Le triomphe.

Alors, il me dit : Ecrivez : Heureux ceux qui ont été appelés au souper de l'Agneau.

APOC. XIX.

Bien des siècles s'étaient écoulés. Une grande fête se préparait au sein de Rome, Rome, toujours la ville-reine, la ville promise aux grandes et mystérieuses destinées. Ce n'était plus les fêtes ensanglantées du Cirque, les pompes orgueilleuses du Capitole, les vaines et frivoles cérémonies du paganisme ; tout était changé. Le berger menait paître son troupeau sur les débris du palais et même du sépulcre des Césars ; le

Colysée, affaissé sous le poids des ans, ne devait sa conservation qu'à la Croix arborée sur ses ruines; les plus splendides monuments de l'antiquité s'honoraient de servir au culte du Christ et de sa Mère ; la Religion proscrite des Catacombes était devenue la loi de l'univers, et sur la crypte sombre du Vatican s'élevait le plus noble édifice que le génie et la foi aient consacré à la Divinité ! Profondeur des desseins de Dieu ! ce vaste empire, lien de tant de nations diverses, était destiné à faciliter la propagation de l'Evangile ; cette ville, orgueil du monde, devait être le chef de l'empire spirituel de Jésus-Christ, comme elle l'était de l'empire temporel des Césars. C'était pour l'Agneau dominateur du monde que combattaient, sans le savoir, le Scipions, les Pompées, les Germanicus; c'était pour lui qu'ils ornaient, qu'ils agrandissaient leur ville, qu'ils en faisaient le centre du pouvoir et de l'intelligence. Ils en faisaient le lieu le plus éminent de la terre, et le Seigneur le permettait, afin qu'elle devînt le siége de l'unité, le domaine du Christ, la maîtresse de la foi et le phare lumineux de l'univers.

Le 11 mai de l'an 1597 fut pour Rome chrétienne un jour qui rappela les plus brillants spectacles de Rome païenne. L'immortel Baronius, la gloire du sacerdoce et de la science, venait d'être nommé cardinal du titre des SS. Nérée et Achillée, et, en prenant possession de son église, il avait voulu y apporter les précieuses reliques des saints martyrs à qui elle devait son nom, et de l'illustre princesse, autrefois leur sœur dans la foi. Retirées depuis longtemps des Catacombes, ces nobles reliques reposaient en la diaconie de S. Adrien.

Un cortége magnifique, composé de tout ce que Rome renfermait d'illustre, alla chercher les ossements de sainte Flavie. Ce peu qui restait d'elle, poussière glorieuse promise à l'immortalité, fut déposé sur un char de triomphe, attelé de chevaux blancs, qui parcoururent, au milieu des prières, des

larmes, des acclamations de joie, les prin-
cipales rues de la ville éternelle. La noble
Romaine visitait encore une fois sa ville na-
tale; la fille des Césars passait, avec son
brillant cortége, par la Voie triomphale et
sous l'arc de Titus, vainqueur des Juifs, et
son proche parent. Quand le cercueil s'arrêta
sous ce monument, tous purent vérifier l'ac-
complissement des prophéties du Seigneur :
d'une part, on voyait les Juifs incrédules
anéantis sous le poids d'une main vengeresse;
de l'autre, les Gentils éclairés amenés au
royaume de Dieu et revêtus, après leurs
combats d'un jour, d'une gloire immortelle.

O bienheureux martyrs du Christ, dont le
sépulcre est glorieux, dont nul ossement ne
reste en oubli, premiers-nés d'entre les élus
de Dieu, que votre sort et digne d'envie!
Cendres vénérables, humble et sainte poussière, sang généreux répandu en témoignage,
votre destinée est connue, et d'avance
nous révérons la sublime transfiguration à
laquelle vous êtes réservés. Un jour, au der-

nier des jours, l'âme dont ce corps détruit, sacrifié, fut le vêtement, cette âme radieuse s'approchera de ces cendres muettes. Alors, un souffle divin les animera; ce corps immolé renaîtra à la vie, non plus paisible et mortel, mais beau, lumineux, inaccessible désormais à la douleur et à la mort. L'âme, comblée de béatitude, s'unira de nouveau à ce compagnon de son pèlerinage, et la chair, qu'autrefois elle sacrifia joyeuse à son Dieu, 'participera éternellement aux délices du ciel. De quel éclat alors seront inondés ces corps défigurés dans les supplices! quelle vie animera ces ossements arides! dans quel océan de lumière seront plongés ces restes presque impalpables que vénèrent aujourd'hui les fidèles enfants de l'Eglise! Saintes reliques des Martyrs, nous vous vénérons, et pour la mort que vous avez endurée, et pour la vie qui vous est promise!

Les restes de sainte Flavie furent déposés dans la basilique de la Fasciola; c'est en ce lieu que la Vierge martyre reçoit, après dix-sept siècles, le fervent hommage de ses frères dans la foi. Ses plus célèbres contemporains sont oubliés, leurs noms sont ensevelis dans la poudre des bibliothèques ; mais elle, partageant, comme sous les martyrs, l'empire de son glorieux Epoux, vit dans les mémoires et dans les cœurs, et après que tant d'années ont refroidi sa cendre, elle est encore puissante, elle est encore chérie par ceux qui l'invoquent, et qui ont trouvé, près de son tombeau, protection dans leurs peines et secours dans leurs malheurs.

FIN

LA

MORT DU JUSTE

L'auteur a groupé dans cette lettre, attribuée à l'épouse de Ponce Pilate, divers incidents qui sont marqués dans les saints Evangiles, et surtout ceux auxquels le gouverneur de la Judée pour les Romains a pris une si grande part.

Pour tout ce qui concerne Claudia-Procula et Pilate, les traditions les plus respectables ont été consultées.

On ne pourra lire, sans intérêt et sans émotion, ce récit de quelques-unes des phases de la passion du Sauveur, malgré que cette relation soit écrite au point de vue païen. Claudia-Procula, quoiqu'idolâtre, raconte avec un accent de vérité, qui ressort surtout de ce qu'elle se trouve témoin intime des événements, et de ce qu'elle subit la divine influence de la vie et de la mort de l'Homme-Dieu.

LA

MORT DU JUSTE

CLAUDIA PROCULA A FULVIA HERSILIA.

« Tu m'as demandé, amie fidèle, le récit
des événéments qui se sont accomplis depuis
notre séparation. La renommée en a porté
quelques-uns jusqu'à toi, et le mystère dont
ils semblent enveloppés t'effraie sur mon
sort. Pour obéir à ton appel, je vais ras-
sembler les faits épars qui forment le fais-
ceau de ma vie; si parfois ces circonstances
étonnent ta raison, souviens-toi que les Puis-
sances supérieures ont environné d'ombres

notre naissance, notre existence et notre mort, et qu'il n'appartient pas aux faibles mortels de sonder le secret de leurs desseins.....

» Je ne parlerai pas de mes premières années, passées à Narbonne, sous l'égide de mon père et sous la garde de ton amitié. Tu sais que ma seizième année accomplie, je fus unie à Pontius, Romain d'une famille noble et antique, et qui occupait alors dans l'Ibérie un commandement important. A peine eûmes-nous quitté l'autel, qu'il me fallut partir et accompagner Pontius dans son gouvernement; je suivis sans joie et sans répugnance l'époux qui aurait pu être mon père.... Cependant je vous regrettai, douce maison paternelle, ciel heureux de Narbonne, beaux monuments, frais ombrages de mon pays; je vous saluai avec des yeux mouillés de pleurs....

» Les premières années de mon mariage se passèrent tranquillement; je devins mère d'un fils qui m'était plus cher que

la lumière du jour, et mes heures s'écou-
laient entre la pratique de mes devoirs et les
plaisirs permis aux femmes de mon rang.
Mon fils avait cinq ans, lorsque Pontius fut
nommé, par une faveur spéciale, proconsul
de la Judée. Nous partîmes avec nos servi-
téurs; nous arrivâmes à Joppé, et j'admirai
ce pays, riche et fertile, dont mon époux
venait prendre possession au nom de Rome,
maîtresse des nations. A Jérusalem, je vécus
entourée d'honneurs, mais dans une com-
plète solitude; car les Hébreux, ombrageux
et fiers, détestaient les étrangers *idolâtres*,
comme ils nous appelaient, qui profanaient
par leur présence une terre sacrée dont
la possession leur avait été assurée par le
Dieu de leurs ancêtres. Je passai ma vie avec
mon fils, au fond de mes jardins silencieux,
où le myrthe se mêlait au térébinthe, et où
le palmier s'élevait, plus beau qu'à Délos, à
côté des orangers et des grenadiers en fleurs;
là, sous ses frais ombrages, je brodais des
voiles, ou je lisais les vers de Virgile, si

doux à l'oreille, plus doux encore au cœur.

» Dans les rares moments qu'il pouvait m'accorder, mon époux me semblait soucieux ; si forte que fût sa main, elle était trop faible pour contenir sous le joug ce peuple si longtemps indépendant ; divisé en mille sectes turbulentes et qui ne s'accordaient qu'en un point : la haine furieuse contre le nom romain. Une seule famille considérable de Jérusalem m'avait témoigné quelque amitié ; c'était celle d'un chef de la Synagogue ; et je me plaisais à visiter sa femme Salomé, modèle de vertus et de douceur, et leur fille Sémida, âgée de douze ans, aimable et belle comme les roses de Saron dont elle ornait sa chevelure. Parfois, elles me parlaient de leur Dieu, et me lisaient même quelques fragments de leurs livres saints ; et, te le dirai-je, Fulvia ?.... souvent, après avoir entendu Salomé me vanter le Très-Haut, le Dieu de Jacob, ce Dieu unique, immatériel, éternel, inaccessible aux passions comme aux vices que

nous attribuons trop souvent à nos divinités;
miséricordieux, parce qu'il est tout-puissant,
renfermant à la fois force et clémence, pureté et grandeur : après avoir entendu Sémida mêler sa voix aux accords de la harpe
et chanter des hymnes sacrés composés
par un roi d'Israël, et qu'à mon tour j'es-
sayais sur la lyre; souvent, disais-je, dans
ma solitude, auprès du lit de mon fils, je
tombais à genoux, et j'invoquais, presque
malgré moi, pour ceux qui m'étaient chers,
ce Dieu auquel le destin lui-même, le destin
aux bras de fer, obéit comme l'esclave à son
maître. Je me relevais toujours fortifiée.

» Depuis quelque temps Sémida était souf-
frante; j'allais la voir souvent, et un matin
j'appris qu'elle avait succombé, sans agonie,
dans les bras de sa mère. Je fus frappée de
douleur à cette funeste nouvelle, et aussitôt,
après avoir embrassé mon fils, je partis pour
aller pleurer avec la malheureuse Salomé.
Arrivée dans la rue qu'elle habitait, mes
porteurs eurent peine à frayer un chemin à

ma litière ; car des joueurs de flûte, des
chanteurs et une grande foule de peuple en-
combraient les abords de la maison. Je m'ar-
rêtai sous le vestibule ; mais au même instant je vis la multitude ouvrir ses flots devant
un groupe d'hommes qu'elle semblait considé-
rer avec une attention étonnée et respectueuse.
Je reconnus, marchant le premier, le père
de Sémida ; mais au lieu de la douleur que
je m'attendais à lire sur son visage vénérable,
on n'y voyait que l'expression d'une confiance
profonde, d'un espoir étrange et que je ne
pouvais comprendre.....

» Derrière lui, enveloppé de son manteau,
venait un homme jeune encore... Je levai les
yeux sur lui ; mais je les baissai au même
instant, comme on les baisse devant l'éclat
du jour... Il me semblait que son front était
lumineux, et qu'une auréole entourait sa chevelure qui tombait sur ses épaules, comme
celles des Nazarréens.

» Je ne puis te dire ce que je sentis à la
vue de cet homme : c'était à la fois le plus

puissant attrait, car une douceur inexprimable respirait sur son visage, et une terreur
secrète, car ses yeux avaient un éclat vivant
qui me terrassait.

» Je le suivis sans savoir où j'allais ; une
porte s'ouvrit devant nous, et je vis Sémida
couché sur un lit entouré de lumières et de
cassolettes de parfums ; elle était belle encore, belle de sénérité et de calme ; mais
son front était plus pâle que les lis qui jon-
chaient sa couche, et la main livide des
Parques avait laissé sa trace sur ses lèvres
bleuies et ses joues creusées.

» Salomé, assise auprès d'elle, insensible,
muette, ne parut pas même nous voir. L'é-
tranger s'arrêta auprès du lit, et Jaïre, le
père de la jeune fille, se jeta à ses pieds,
en lui désignant la morte d'un geste éloquent,
et en lui disant :

« Seigneur, ma fille n'est plus ; mais si
vous le voulez, elle vivra ! »

» Je frémis à ces mots, et je restai sus-
pendue aux paroles de l'étranger. Il prit la

main de Sémida, il abaissa sur elle ses puis-
sants regards, et dit :

« Ma fille, levez-vous ! »

« Fulvia ! elle obéit ! Sémida se souleva
sur son chevet, ses yeux fermés s'ouvrirent,
l'incarnat refleurit sur sa lèvre ; elle étendit
les bras dans le vide et dit :

« Ma mère ! »

» Et Salomé ressuscita au même instant !

» La mère et la fille restèrent enlacées,
et Jaïre, toujours à genoux, s'écria, en bai-
sant les bords du manteau de celui qu'il
appelait le Maître :

« Que faut-il faire pour vous servir, pour
gagner la vie éternelle ?

» — Connaître et pratiquer les deux pré-
ceptes de la loi : aimer Dieu et les hommes.»

» Ayant ainsi parlé, il disparut d'au milieu
de nous comme une ombre lumineuse ; j'é-
tais à genoux sans le savoir, je me levai
comme dans l'égarement d'un songe, et je
regagnai ma demeure en laissant cette heureuse famille à sa félicité. Au repas du soir,

je parlai à Pontius de ce que j'avais vu, il secoua la tête et dit :

« Vous avez vu *Jésus de Nazareth*, l'objet de la haine des pharisiens, des sadducéens, des hérodiens et des orgueilleux pontifes du Temple ; chaque jour leur ressentiment s'accroît et leur vengeance menace sa tête ; et pourtant les paroles du Nazaréen sont d'un sage, et ses prodiges sont d'un Dieu.

» — Pourquoi donc le haïssent-ils ?

» — Parce qu'il a dévoilé leurs vices et leur hypocrisie ; je l'ai entendu un jour : « Sépulcres blanchis, races de vipères, disait-il aux pharisiens, vous imposez à vos frères des fardeaux que vous ne voudriez pas toucher du doigt..... Vous payez la dîme des herbes, de la menthe et du cumin ; mais vous vous inquiétez peu des commandements de la loi, de la foi, de la justice et de la miséricorde. » Ces paroles sont vraies et profondes, trop vraies, trop profondes ; elles ont irrité ces hommes hautains et cruels, et l'horizon est bien sombre pour le Nazaréen.

» — Mais vous le défendrez, lui dis-je avec chaleur; vous avez toute autorité.

» — Mon autorité ne serait qu'un fantôme devant ce peuple mutiné; pourtant, je souffrirais de voir couler le sang de ce Juste...»

» En disant ces mots, Pontius se leva, plus soucieux que de coutume, et je restai seule, pensive et tremblante.

» Le jour de Pâques approchait, et cette fête, fameuse chez les Hébreux, rassemblait à Jérusalem une foule de peuples, venue de toutes les provinces de la Judée, afin d'offrir au Temple un sacrifice solennel. Le jeudi qui précédait cette fête, Pontius me dit avec tristesse :

« Les augures sont néfastes pour Jésus de Nazareth : sa tête a été mise à prix, et ce soir même il sera peut-être livré entre les mains des princes des prêtres. »

» Je frémis à ces paroles, et je répétai : Vous le défendrez?

» — Le pourrai-je? dit Pontius d'un air sombre. »

» L'heure du repos approchait ; mais à peine eus-je incliné ma tête sur le chevet de ma couche, que des rêves mystérieux s'emparèrent de mon intelligence[1]. Je revis Jésus de Nazareth, je le revis tel que Salomé me peignait son Dieu. Sa face avait l'éclat du soleil, il était porté sur l'aile des chérubins ; les flammes ardentes étaient ses ministres ; debout sur les nuées, il semblait prêt à juger les générations humaines rassemblées à ses pieds ; d'un geste de sa droite, il séparait les bons d'entre les méchants ; les premiers s'élevaient vers lui, radieux d'une immortelle beauté ; les seconds tombaient dans un abîme de feu, plus terrible que le Phlégéton et le Ténare ; et lorsque le Juge, leur montrant les plaies dont son corps était couvert, leur disait d'une voix vibrante : *Rendez compte du sang que j'ai répandu pour vous !* alors

---

[1] Dans ce songe, tel que nous le rapportons, on s'est borné à interpréter ces paroles de l'Evangile : *J'ai été étrangement tourmentée dans un songe à cause de ce Juste.* MATTH. XXVII. 19.

ces réprouvés demandaient aux montagnes de les écraser, à la terre de les engloutir, mais en vain ; ils se sentaient immortels, immortels pour le supplice, immortels pour le désespoir ! Oh ! quel rêve, ou plutôt quelle révélation !

» Dès que l'aube eut rougi le sommet du temple, je quittai mon lit ; et, le cœur encore serré d'épouvante, je m'assis auprès d'une fenêtre pour respirer l'air frais du matin. Peu à peu il me sembla qu'une rumeur sinistre s'élevait du sein de la ville ; des cris, des vociférations, des hurlements plus terribles que la voix de l'Océan courroucé, montèrent jusqu'à moi ; j'écoutais, le cœur palpitant et le front glacé d'une froide sueur, lorsqu'il me parut que ce tumulte approchait de plus en plus et que les pas d'un multitude innombrable faisaient gémir l'escalier marbre qui menait au prétoire. Pleine d'angoisses, je saisis mon fils qui jouait auprès de moi, je l'entourai des plis de mon voile, et je voulus rejoindre mon époux...

» Arrivée à la porte intérieure du prétoire, j'entendis un grand bruit de voix ; je n'osai entrer, mais je soulevai la portière de pourpre qui tombait devant la porte.... Quel spectacle, Fulvia ! Pontius était assis sur son siège d'ivoire, dans toute la pompe dont Rome entoure ses délégués ; mais, à travers l'impassibilité dont il essayait de revêtir son visage, je devinai un trouble profond. Devant lui, les mains liées, les vêtements en désordre et le front ensanglanté, se tenait Jésus de Nazareth. Calme, immobile, il ne portait sur ses traits ni orgueil ni terreur ; il était tranquille comme l'innocence, résigné comme le dévouement, et pourtant sa douceur me remplissait d'effroi ; car il me semblait entendre encore les paroles de mon rêve : « Rendez compte du sang que j'ai versé pour vous ! » Autour de lui rugissait la tourbe immonde qui l'avait traîné au prétoire, et à laquelle se mêlaient quelques prêtres, quelques scribes et des pharisiens, reconnaissables aux phylactères de parchemin qu'ils portaient sur leur front et où étaient écrits divers textes de la Loi. Tous ces sombres visages respiraient la haine; il semblait que des reflets sinistres illuminassent ces yeux ardents et que les esprits infernaux mêlassent leurs voix à ces cris de turbulente fureur. Enfin, à un geste de Pontius, le silence s'établit :

« Que voulez-vous de moi ? dit-il.

» — Nous voulons la mort de cet homme, de Jésus de Nazareth, répondit un des prêtres en se faisant l'interprète de la foule; Hérode l'a condamné, et nous voulons que tu ratifies la sentence.

» — Quel crime a-t-il commis ? »

A cette question, des cris s'élevèrent :

« Il a prophétisé la ruine du Temple ! — Il se dit le Roi des Juifs ! — Il se dit le Christ, le Fils de Dieu ! — Il a insulté les pontifes, les fils d'Aaron ! disaient les prêtres. — Qu'on le crucifie ! répétait la multitude, comme enivrée de rage.

» Ces cris de mort retentissent encore à

mes oreilles, et l'image auguste de la Victime est toujours présente à mes yeux. Pontius enfin reprit la parole ; et, s'adressant
avec douceur à Jésus, il lui dit :

« Etes-vous le Roi des Juifs ?....

» — Vous l'avez dit, répondit-il.

» — Etes-vous le Christ, le Fils de Dieu?
Avez-vous prédit la ruine du Temple ? »

» Jésus ne répondit pas ; les vociférations
recommencèrent, plus stridentes que les cris
des tigres affamés : « Livrez-le nous, qu'il
soit mis en croix ! » Pontius parvint enfin à
se faire entendre, et il dit :

« Je ne trouve point de crime en cet
homme ; je vais le renvoyer.

» — Livrez-le nous ! crucifiez-le ! répéta
le peuple....

» Je ne pus en entendre davantage ; j'ap-
pelai un esclave, et je l'envoyai à mon époux
en le priant de m'accorder un moment d'au-
dience. Il quitta aussitôt le tribunal et vint
auprès de moi. Je me jetai à ses genoux, en
lui disant : Au nom de tout ce qui t'est cher,

au nom de cet enfant, gage sacré de notre union, garde-toi de participer à la mort de ce Sage, semblable aux dieux immortels. Je l'ai vu cette nuit dans un songe révélateur, revêtu d'une majesté süprême ; il jugeait les hommes tremblants devant lui, et parmi les ombres malheureuses, précipitées au fond d'un gouffre de flammes, j'ai reconnu les visages de ceux qui tout-à-l'heure demandaient sa mort. Oh ! garde-toi de porter sur lui des mains sacrilèges ; crois-moi, une seule goutte de ce sang scellerait à jamais ta condamnation.

» — Et pourtant, je ne pourrai le sauver... répondit Pontius ; la cohorte romaine est peu nombreuse, et c'est une digue bien faible contre ce peuple que les mauvais génies semblent animer. Mais calme-toi, Claudia ; descends dans les jardins, occupe-toi de ton fils ; tes yeux ne sont pas faits pour ces scènes sanguinaires. »

» En disant ces mots, il me quitta ; je restai seule et en proie à une angoisse que je ne pouvais m'expliquer moi-même. Jésus était encore devant le tribunal, en butte aux railleries et aux outrages du peuple et des soldats, et l'excès de leur fureur ne pouvait être égalé que par sa patience invincible. Pontius se rassit, pensif, sur son siége de justice, et à sa vue, les cris de mort recommencèrent plus ardents et plus funestes.

» Or, il était d'usage que vers les fêtes de Pâques le gouverneur délivrât un prisonnier en signe de bienveillance et de miséricorde, et dans cet acte de clémence il se conformait au choix du peuple. Voyant peut-être dans cette coutume une chance de salut pour Jésus, Pontius dit à haute voix :

« Lequel voulez-vous que je vous délivre, de Barrabas ou de Jésus, qui est appelé Christ !

» — Nous voulons Barrabas, s'écria la foule.

» Barabbas était un voleur et un assassin, et ses cruautés étaient connues par toute la Judée. Pontius reprit encore :

« Que ferai-je de Jésus appelé Christ ?

» — Qu'il soit crucifié !

» — Mais quel mal a-t-il fait ?.... »

» Mais eux, de plus en plus furieux :

« Qu'il soit crucifié ! ! ! »

» Pontius fit un geste de découragement ; les clameurs de ce peuple, de plus en plus insolentes, semblaient menacer son autorité, l'autorité du nom romain dont il était si jaloux et qui n'avait à Jérusalem, pour se défendre, que le prestige de sa gloire, car bien peu de soldats étaient rangés sous nos aigles..... Le tumulte croissait à chaque instant ; jamais les bruits orageux du cirque, jamais les disputes du forum n'avaient apporté de telles rumeurs à mes oreilles ; rien n'était calme, rien, si ce n'est le front majestueux du Nazaréen ; les insultes, les tortures, l'approche d'une mort ignominieuse et cruelle, rien ne pouvait altérer la céleste sérénité de son regard ; ses yeux, qui avaient infusé la vie à la fille de Jaïre, tombaient sur ses bourreaux avec une ineffable expression de paix et d'amour ; il souffrait sans doute, mais il souffrait avec joie ; et son âme semblait l'élever vers les régions invisibles, comme la flamme pure d'une sainte oblation.

» Le prétoire était inondé par la foule du peuple ; il roulait comme un torrent de lave, de la montagne de Sion où est bâti le temple jusqu'au pied du tribunal ; et, à chaque instant, de nouvelles voix se joignaient à ce chœur infernal. Mon époux, lassé, épouvanté, céda enfin.... Heure à jamais néfaste ! heure terrible, inscrite au livre de l'éternité, qui pourra redire ton horreur ?....

» Pontius se leva : le doute et la terreur livide siégeaient sur son front ; par un geste symbolique, il trempa ses mains dans une aiguière pleine d'eau, et dit à haute voix :

« Je suis innocent du sang de ce Juste.

» — Qu'il retombe sur nous et sur nos enfants ! cria ce peuple insensé.

» Et, se pressant autour de Jésus, ils l'entraînèrent avec fureur ; mes yeux suivirent la Victime qu'on allait sacrifier.... puis, un

voile couvrit ma vue ; mes genoux fléchirent ;
et, au brisement de mon cœur, il me sembla
que ma vie touchait à son terme.... Quand je
revins à moi, j'étais entre les bras de mes
femmes et près d'une fenêtre qui donnait sur
la cour de ma maison. J'y jetai les yeux, et je
vis, au pied d'une colonne de marbre, des
traces de sang fraîchement répandu.

» C'est là qu'on a flagellé le Nazaréen, dit
une de mes esclaves.

» — Et plus loin, ils l'ont couronné d'é-
pines, et les soldats se jouaient de lui en
le nommant le Roi des Juifs et en le frappant
à la face !

» — Maintenant il expire, ajouta la troisième.

» Chacune de ces paroles tombait sur mon
cœur comme des gouttes de plomb fondu ;
toutes ces circonstances de la grande ini-
quité ranimaient ma douleur, et je sentais,
à l'angoisse qui navrait mon âme, qu'il y
avait quelque chose de surnaturel dans les
événements de ce jour funeste. Le ciel sem-

blait d'accord avec le deuil de mon esprit ; de grands nuages aux formes hideuses s'abaissaient sur la terre, et de leurs flancs sulfureux sortaient de pâles éclairs ; la ville, si bruyante au matin, était silencieuse, taciturne, comme si la mort eût planté ses noires enseignes sur les places publiques ; un inexprimable effroi me clouait sur mon siége ; je tenais mon fils sur mon sein, et j'attendais, sans savoir quel était l'objet de mon attente.

» Vers la neuvième heure du jour, les ténèbres obscurcirent l'air, et une secousse épouvantable ébranla la terre ; le sol semblait palpiter, et l'on aurait dit que l'univers allait se dissoudre et rentrer dans le néant. Je tombai prosternée ; une de mes femmes, juive de nation, entra dans la chambre, pâle, échevelée et les yeux hagards ; elle s'écria :

« Le dernier jour est venu, Dieu l'annonce par ses prodiges ; le voile du Temple, le voile qui cachait le propitiatoire, s'est fendu en deux ; la désolation est dans le lieu saint ; les sépulcres, dit-on, se sont ouverts, l'on a vu les justes que Jérusalem a immolés, les prophètes, les pontifes, depuis Zacharie tué entre le temple et l'autel, jusqu'à Jérémie qui a prédit la ruine de Sion.... On les a vus ; la colère du Très-Haut se répand comme un feu... »

» A ces mots, il me parut que mon esprit était frappé de vertige ; je me levai en chancelant, et je gagnai l'escalier ; là, je rencontrai le centurion qui avait présidé à l'exécution de Jésus ; ce centurion était un vétéran blanchi dans les guerres contre les Parthes et contre les Germains ; jamais cœur plus hardi n'avait palpité dans une plus forte poitrine ; mais, en ce moment, il était pâle, défait, et il semblait agité de remords et d'horreur. Je voulus l'interroger ; mais il passa devant moi, en répétant avec égarement :

« Celui que nous avons tué était vraiment le Fils de Dieu ! »

» J'entrai dans une salle basse, où Pontius était assis, la tête dans ses mains ; il me regarda et me dit d'une voix sombre :

« Que n'ai-je suivi tes conseils, Claudia ! que n'ai-je défendu ce Juste au prix de ma vie ! mon misérable cœur ne goûtera plus de repos.... »

» Je n'osai répondre, je n'avais pas de consolations pour cet irréparable malheur, qui semblait nous frapper à jamais du sceau de la réprobation. Le silence n'était interrompu que par les roulements de la foudre qui se prolongeaient sous les voûtes du palais.... Malgré cette tempête, un vieillard se présenta aux portes de notre demeure , et il fut introduit auprès de mon époux. Il se jeta, pleurant, aux pieds de Pontius, et lui dit :

« Je m'appelle Joseph d'Arimathie ; je viens vous demander la permission de détacher de la croix le corps de Jésus de Nazareth et de l'ensevelir dans un sépulcre qui m'appartient. »

» Pontius, sans lever les yeux, répondit :
« Allez. »

» Le vieillard sortit, et je vis qu'il était rejoint sous le portique par un groupe de femmes voilées. Ainsi se termina ce jour fatal. Jésus fut enseveli dans un tombeau creusé dans le roc, à la porte duquel on plaça plusieurs gardes ; mais, Fulvia, au troisième jour il sortit du sépulcre, glorieux et triomphant ; il ressuscita, ainsi qu'il l'avait prédit, et se montra victorieux de la mort à un grand nombre de personnes rassemblées. Tel est le témoignage que ses disciples ont rendu de lui et qu'ils ont confirmé de leur sang, versé pour le Seigneur Jésus devant les tribunaux des juges et des princes.

» Depuis ce moment, rien ne réussit à mon époux ; blâmé par le Sénat et par Tibère même de sa conduite, en butte au mépris des Juifs et à la haine de ceux-là dont il avait secondé les passions, sa vie ne fut qu'amertune et tristesse. Je vécus seule, plus seule qu'autrefois ; Salomé et Sémida ne me voyaient qu'avec crainte, moi, la femme du persécuteur, du bourreau de leur Dieu, car elles étaient devenues les disciples de celui qui les avait rendues l'une à l'autre. Je voyais, malgré leur douce bonté, un secret frémissement passer sur leur visage, alors que je m'approchais d'elles, et bientôt je m'abstins de les visiter. Je vécus seule, méditant sans cesse quelques-unes des instructions du Nazaréen, que Salomé m'avait redites et que j'avais mises par écrit. Amie, qu'est-ce que la philosophie, la sagesse du Portique en comparaison de ces enseignement qu'un Dieu seul a pu donner, tant ils respirent de mansuétude, de profondeur et de paix? Les relire était ma seule joie ; lever les yeux au ciel, pour y chercher celui que les miens ont fait mourir, était ma seule consolation.....

» Au bout de quelques mois, Pontius fut révoqué de ses fonctions ; nous revînmes en Europe, et, errant de ville en ville, il traîna partout le faix de son inquiétude et d'un esprit bourrelé de remords. Je le suivis

(la femme de Caïn, disent les Hébreux, suivit son époux, banni sur la terre); mais
quelle est ma vie à ses côtés! L'affection,
la confiance conjugale n'existent plus pour
nous; il voit en moi le témoin, le souvenir
vivant de son crime, et moi!.... l'image de
la croix sanglante où fut attaché l'Innocent
et le Juste se dresse entre nous; je n'ose
lever les yeux sur lui; le son de sa voix
qui prononça la sentence me fait frémir,
et lorsque, avant le repas, l'esclave lui présente à laver, il me semble qu'il plonge ses
mains, non dans une eau pure, mais dans
un sang fumant dont la trace ne peut s'ef-
facer.....

» Mon fils, mon bien-aimé, est mort dans
mes bras, et je ne l'ai pas pleuré... ne por-
tait-il pas un nom fatal, et n'est-il pas heureux d'avoir échappé à la réprobation qui
nous suit!.... car les Chrétiens existent déjà
partout; ici même, dans ce pays sauvage
des Rhédons, où nous avons demandé un
asile aux brumes de la mer et aux solitudes

des landes désolées, ici, j'entends parfois
le nom de mon époux redit avec horreur....
Et j'ai appris que les apôtres de Jésus,
avant de se séparer pour aller prêcher son
Evangile aux nations, avaient inscrit dans
l'explication de leur foi ces mots vengeurs :
Il souffrit sous Ponce Pilate[1] *!* Anathème
terrible que les siècles répèteront : *Passus
est sub Pontio Pilato.*

» Adieu, Fulvia, plains-moi, et puisse
le Dieu juste te donner tout le bonheur
qu'autrefois nous nous souhaitions l'une à
l'autre !... Adieu. »

[1] La tradition populaire rapporte que Pilate, déses-
pérant comme Judas de la miséricorde divine, s'arracha
la vie, et que sa femme mourut chrétienne. Les Grecs
la placent au rang des saints.

FIN

— Lille. Typ. J. Lefort. 1869. —